Menos y menos

GERRY BAILEY y FELICIA LAW
Ilustrado por MARK BEECH

everest

Menos y menos

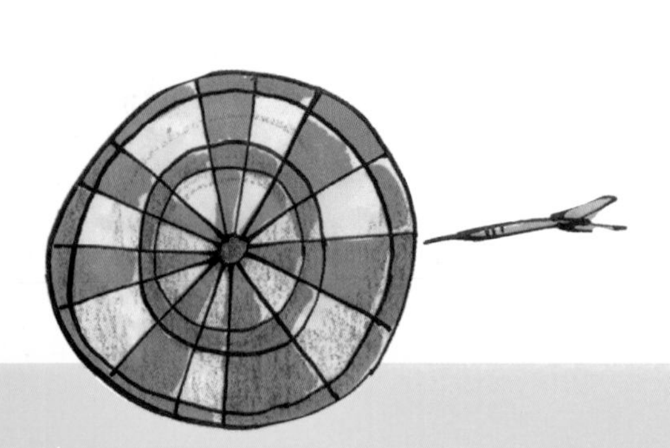

Contenidos

Tablas de conversión

MEDIDAS DE LONGITUD

pulgadas (in) a centímetros (cm)	multiplicar	por	2,5
pies (ft) a centímetros (cm)	"	"	30,0
yardas (yd) a metros (m)	"	"	0,9
millas (mi) a kilómetros (km)	"	"	1,6

MEDIDAS DE SUPERFICIE

pulgadas cuadradas (in^2) a centímetros cuadrados (cm^2)	multiplicar	por	6,5
pies cuadrados (ft^2) a centímetros cuadrados (cm^2)	"	"	0,09
yardas cuadradas (yd^2) a metros cuadrados (m^2) "	"	"	0,8
millas cuadradas (mi^2) a kilómetros cuadrados (km^2)	"	"	2,6
acres a hectáreas (ha)	"	"	0,4

MEDIDAS DE PESO

onzas (oz) a gramos (g)	multiplicar	por	28
libras (lb) a kilogramos (kg)	"	"	0,45
toneladas cortas (2000 libras) a toneladas (t) metricas	"	"	0,9

MEDIDAS DE VOLUMEN

pulgadas cúbicas (in^3) a mililitros (ml)	multiplicar	por	16
onzas fluidas (fl oz) a mililitros (ml)	"	"	30
copas (c) a litros (l)	"	"	0,24
pintas (pt) a litros (l)	"	"	0,47
cuartos (qt) a litros (l)	"	"	0,95
galones (gal) a litros (l)	"	"	3,8
pies cúbicos (ft^3) a metros cúbicos (m^3)		"	0,003
yardas cúbicas (yd^3)a metros cúbicos (m^3)		"	0,76

TEMPERATURAS

Grados Celsius o centígrados (°C) a grados Farenheit (°F) multiplicamos por 9, dividimos entre 5 y sumamos 32

Grados Farenheit (°F) a grados Celsius o centígrados (°C) restamos 32, multiplicamos por 5 y dividimos entre 9

Quitar

Cuando queremos que algo disminuya de tamaño tenemos que quitarle una parte: esto se llama sustracción o resta, que es lo opuesto a sumar. ¡Está claro que a veces hemos de llevarnos una parte grande o incluso que necesitamos más de lo que tenemos! Todas estas operaciones pueden hacerse matemáticamente mediante la sustracción.

Cuando quitas o sustraes un número de otro, el número resultante es la diferencia. La diferencia será siempre menor que el número con el que empezaste. Como ocurre con el ratón y su queso, cuanto más te lleves, menor será la parte que te queda.

SIMPLEMENTE MATEMÁTICAS

El lenguaje del menos

Si de diez se quitan cuatro	=	seis
Diez menos cuatro	=	seis
Te llevas cuatro de diez	=	seis
Si restas cuatro de diez	=	seis
Si sustraes cuatro de diez	=	seis

La diferencia entre diez y cuatro es seis.

El pelo te crece a una velocidad de 1,25 cm por mes, por lo que necesitas cortártelo cada treinta días aproximadamente.

Diez botellas verdes

La resta significa llevarse, quitar: con estas rimas entenderás mejor cómo funciona esta operación.
La resta más sencilla consiste en quitar una unidad cada vez.

Nadie sabe de dónde viene la canción "Diez botellas verdes", pero se ha usado, en algunos lugares, desde hace mucho para explicar la idea de la resta.

> En el muro apoyadas hay diez botellas verdes.
> En el muro apoyadas hay diez botellas verdes.
> El viento tira una y solo quedan nueve:
> ya solo hay en el muro nueve botellas verdes.

> En el muro apoyadas hay nueve botellas verdes.
> En el muro apoyadas hay nueve botellas verdes.
> El viento tira una y solo quedan ocho:
> ya solo hay en el muro ocho botellas verdes.

Repite quitando una botella verde cada vez hasta que:

> En el muro apoyada hay una botella verde.
> En el muro apoyada hay una botella verde.
> El viento tira una y no deja ninguna:
> ya no queda en el muro ni una botella verde.

Si quisieras escribir estas rimas sobre restas con números, quedarían de la siguiente manera:

$10 - 1 = 9$
$9 - 1 = 8$
$8 - 1 = 7$
$7 - 1 = 6$
$6 - 1 = 5$
$5 - 1 = 4$
$4 - 1 = 3$
$3 - 1 = 2$
$2 - 1 = 1$
$1 - 1 = 0$

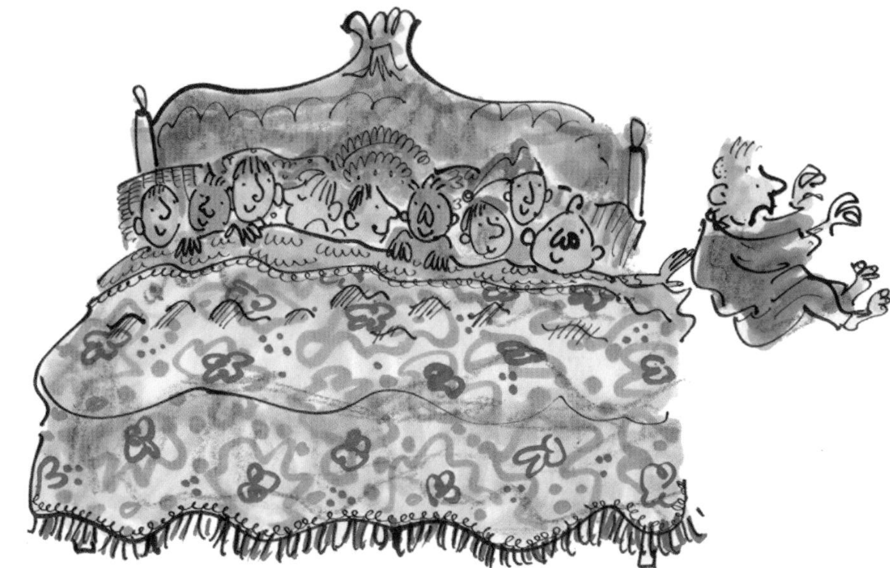

Diez en una cama

Otra rima sobre restas se llama "Diez en una cama" y dice así:

Repite esto hasta que solo quede uno en la cama y ahí termina:

Diez en una cama querían dormir, y el más pequeño dijo:
"¡Da la vuelta, da la vuelta!".
Y la vuelta se dieron, y uno se fue al suelo.

Nueve en una cama querían dormir, y el más pequeño dijo:
"¡Da la vuelta, da la vuelta!".
Y la vuelta se dieron, y uno se fue al suelo.

Quedaba uno en la cama, y era el más pequeño:
tras dar las buenas noches descabezó un buen sueño.

Cuenta atrás

Quienes juegan a los dardos los llaman a veces "flechas", porque recuerdan un poco a las flechas tradicionales, pero también porque antiguamente los dardos formaban parte del entrenamiento de la arquería: los maestros arqueros acortaban algunas flechas y hacían que sus pupilos las lanzaran al fondo de una barrica vacía de madera.

Los jugadores tiran hoy los dardos contra un tablero numerado: los puntos se suman dependiendo de dónde se clave el dardo, pero en lugar de sumarlos los jugadores comienzan con cierto número de puntos y les quitan las puntuaciones que van haciendo.

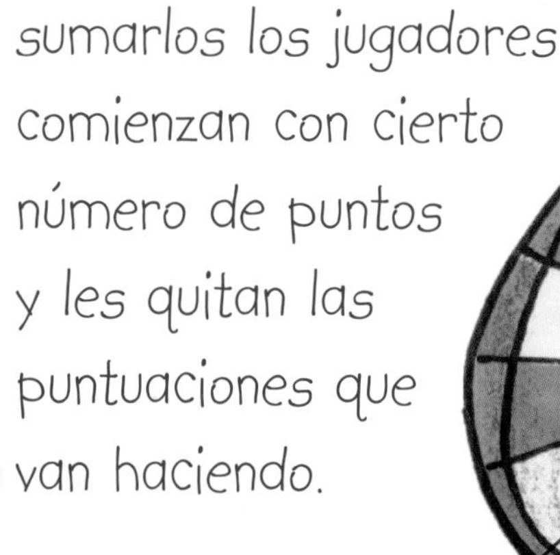

01

Uno de los juegos de dardos más populares se llama 01 y se juega en todo el mundo. Los jugadores comienzan con una puntuación idéntica, como 501, y gana quien primero la reduce a cero.

Los jugadores de dardos aprenden a restar con rapidez mientras juegan.

Los jugadores tiran por turnos tres dardos cada uno, y restan el número de puntos que consiguen de los puntos que tienen al comienzo. Cuando los dardos impactan fuera del tablero o rebotan, no se apuntan nada y no pueden volver a tirar.

La salida

La parte más difícil de un juego de dardos es el final o "salida". Para ganar, el jugador tiene que ser el primero en lograr un cero exacto. A fin de hacer aún más difícil el juego de dardos, los jugadores tienen que comenzar y terminar la partida anotándose un "doble".

Bajar un nivel

¡Alguien ha tejido un suéter demasiado grande! El único modo de darle las medidas adecuadas es ir retirando un punto y una fila cada vez, pero es la forma más lenta.

La sustracción puede hacerse eliminando ciertas cantidades de una en una para ver lo que queda, pero es más fácil y más rápido restar en grandes cantidades, lo que supone averiguar la diferencia entre dos números. Si se quitan 50 filas de las 160 que tiene cada manga, ¡tal vez ajuste! 160 - 50 dejarán 110 filas.

160 - 50 = 110

Reducir tamaños

Una familia numerosa necesita una casa grande para vivir, pero cuando los niños crecen y se marchan los padres se quedan con mucho espacio vacío, por lo que empiezan a considerar la posibilidad de trasladarse a una casa más pequeña que les permita ahorrar dinero en los gastos corrientes y gastarlo en otras cosas.

Coche grande o coche pequeño

Supongamos que vives en Reino Unido, y tu casa familiar cuesta 600 libras al mes de alquiler y un apartamento más pequeño 400. Si haces esa reducción, tendrás 200 libras extra para gastar todos los meses; una vivienda más económica significa más dinero en el banco.

600 libras - 400 libras = 200 libras

Los coches grandes son caros: valen mucho dinero, los arreglos y el mantenimiento cuestan demasiado y consumen más combustible, que, como cada vez es más difícil de producir, no deja de aumentar de precio.

De ahí el éxito de los coches pequeños, que son más económicos de comprar y de usar. Son ideales para viajes cortos y perfectos si no necesitas llevar un montón de pasajeros. Además, cuando estacionas, lo haces en sitios donde un coche grande no cabría.

Perder peso

No solo los seres humanos padecen sobrepeso u obesidad: los animales que viven en los zoológicos requieren a menudo dietas de adelgazamiento, porque los científicos calculan que algunos de ellos pesan el veinte por ciento más de lo que debieran, y eso se considera obesidad.

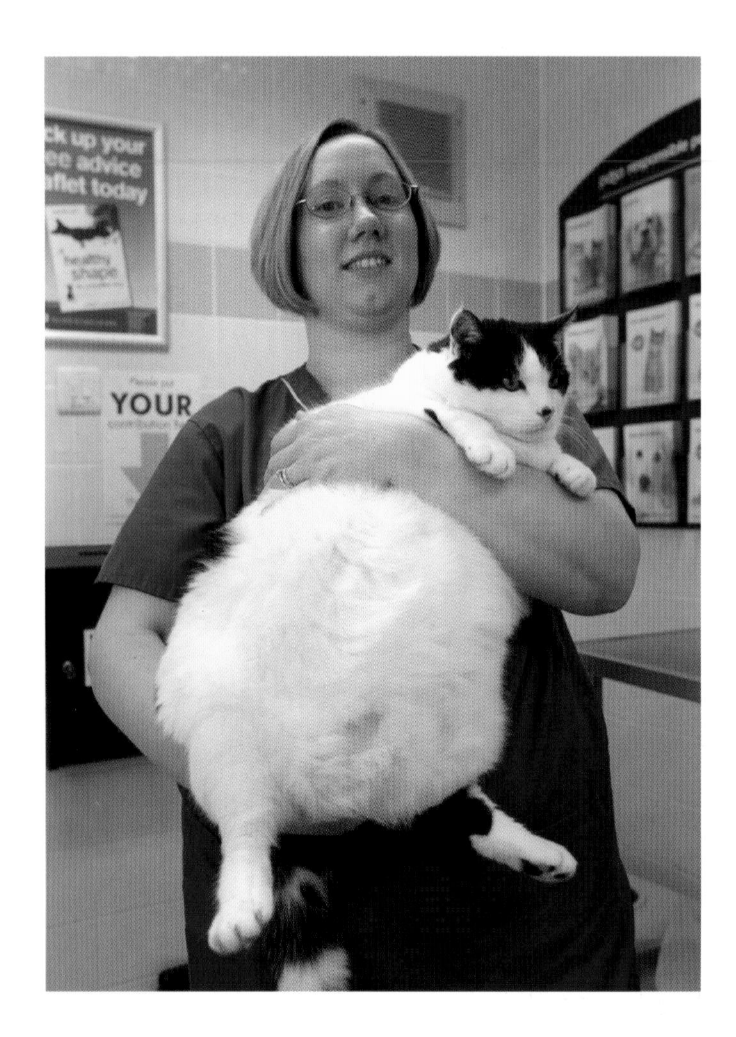

El gato Tinks pesaba casi 10 kg antes de que el veterinario le pusiera una dieta de adelgazamiento.

Cazar el almuerzo

En el pasado ciertos animales de los zoológicos se hacían obesos porque los visitantes, no sólo sus cuidadores, los alimentaban. Esto ya no sucede: se advierte a los visitantes que no deben alimentar a los animales. Pero como estos no hacen el ejercicio suficiente para quemar las calorías que consumen, hay zoológicos que desparraman la comida para que los animales tengan que esforzarse en encontrarla.

Si este tigre estuviera en estado salvaje correría, por zonas llanas y empinadas, muchos kilómetros diarios.

Gordos por la basura

Los animales salvajes que viven cerca de los seres humanos engordan, porque les es más fácil alimentarse en los cubos de la basura que perseguir presas.

Salvaje y esbelto

Los animales salvajes raramente engordan: la mayoría saben cuándo han comido lo suficiente y no vuelven a comer hasta que sienten hambre. Además, son selectivos: consumen los mejores trozos, los riñones o los cerebros, y prefieren los animales jóvenes a los viejos.

Pocos animales salvajes se atracan porque sí. Otra razón por la que no engordan es que mientras comen son más vulnerables, así que cuanto menos coman más seguros están.

Una vida sencilla

Mahatma Gandhi fue un líder indio que vivió en la época del Imperio británico, cuando los naturales del país empezaban a rechazarlo. La gran enseñanza de Gandhi se basa en la creencia de que todo el mundo debe vivir una vida sencilla.

Gandhi se instaló en Sabarmati, Gujarat. Allí organizó una comunidad donde su familia y sus seguidores podían vivir y trabajar juntos.

Gandhi estudió abogacía en el Reino Unido y trabajo en Sudáfrica; después volvió a la India. Dedicó su vida a luchar contra las leyes injustas y a ayudar a los demás.

Como muchos compatriotas, Gandhi fue vegetariano la mayor parte de su vida. Consumía una dieta de frutos secos, semillas, frutas y leche de cabra, y acostumbraba a ayunar durante días enteros.

Gandhi decidió prescindir de sus trajes y sus corbatas, pasando a vestirse con el taparrabos de algodón blanco y las sandalias de los campesinos humildes de la India.

Sugirió a quienes le rodeaban que hilaran su algodón y se confeccionaron su propia ropa: trabajar en el telar era para los indios el modo de hacerse sus propios tejidos sin importar los británicos.

Gandhi pensaba que el modo en que se comportaba la gente era mucho más importante que sus posesiones.

Pensaba que las posesiones, especialmente casas o tierras, era lo que provocaba las desigualdades, que producirían a su vez violencia. Odiaba la violencia. Por desgracia, cuando la India se independizó hubo muchos brotes de violencia, y Gandhi fue una de sus víctimas.

Quedarse sin saldo

Cuando haces una llamada desde una cabina telefónica pagas el coste de tu llamada, pero si usas un teléfono móvil o celular la cosa cambia: en primer lugar, tú entregas una cantidad de dinero al contado que luego te va sirviendo para pagar llamadas, lo que se denomina tu crédito, y es una cifra que sólo puede moverse en una dirección: ¡hacia abajo!

En línea

Cada vez que usas un teléfono móvil para hacer una llamada o enviar un mensaje de texto o bajarte algo de la web, tu crédito se reduce según el coste de lo que has elegido. Si no usas a menudo tu teléfono, el crédito puede durarte mucho tiempo, pero si pasas horas charlando con tus colegas, pronto necesitarás saldo de nuevo.

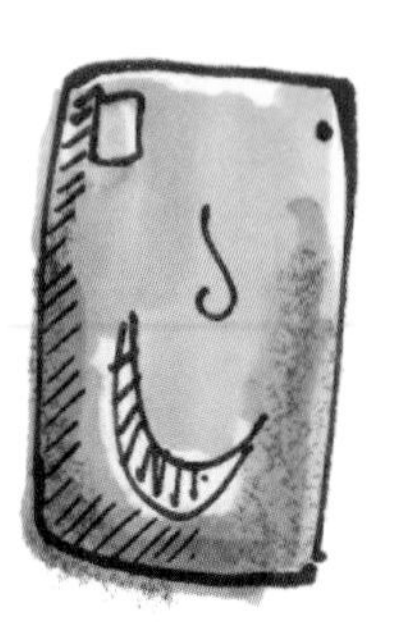

Tarjetas de transporte

En muchos países las redes de trasporte público funcionan de manera similar, con tarjetas provistas de memoria que van descontando lo que te cuesta cada desplazamiento de lo que pagaste al adquirir la tarjeta. Lo que va quedando es el saldo o crédito de la tarjeta.

Cada vez que haces una llamada, consumes parte del dinero que has pagado por adelantado.

Pagar en el extranjero

Ciertos bancos están experimentando con herramientas similares para que no tengas que llevar montones de moneda extranjera cuando viajas: en lugar de ello puedes cargar tu tarjeta de viaje con euros, libras o dólares, y utilizarlos fácilmente en tu punto de destino.

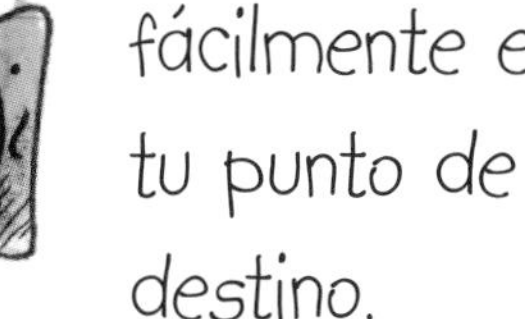

Uso de la reserva

Quedarte sin crédito en tu tarjeta o en tu teléfono celular puede suponer un grave inconveniente si estás en el extranjero, así que la mayor parte de estos instrumentos te avisa antes de llegar al límite: en algunos casos te permiten incluso un pequeño saldo extra que se reembolsará cuando recargues el teléfono o la tarjeta, y en ciertos países las llamadas de urgencia a servicios como la policía o las ambulancias funcionan aunque no te quede saldo.

Gota a gota...

Según crece, la población mundial necesita más y más tierras, alimentos, combustible y agua. Esta última es especialmente importante porque los seres humanos no pueden vivir sin ella.

El agua es un precioso recurso natural.

Menos agua

En total, se dispone de agua más que suficiente para las necesidades básicas de todos. Según las Naciones Unidas, se necesita un mínimo de 50 litros de agua al día para beber, lavar, cocinar y usar los sanitarios, pero un tercio de la población mundial vive en países donde no puede disponer de esa cantidad; en el año 2025 esta fracción de la humanidad será dos tercios del total.

Este tipo de información se ofrece a menudo usando gráficos que clarifican el mensaje instantáneamente.

SIMPLEMENTE MATEMÁTICAS
Los hechos en gráficos

La información sobre el agua puede registrarse en un gráfico que nos permite entender a la primera el asunto.

Los gráficos de barras utilizan estos elementos coloreados para comparar el tamaño de las cantidades.

Los gráficos de línea representan la información con líneas ascendentes o descendentes.

Un gráfico de barras

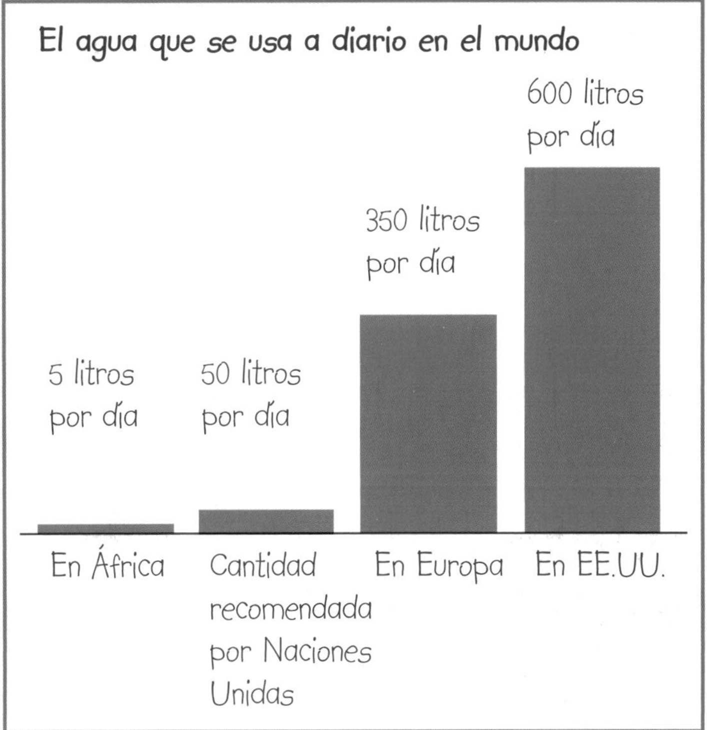

Un gráfico de línea

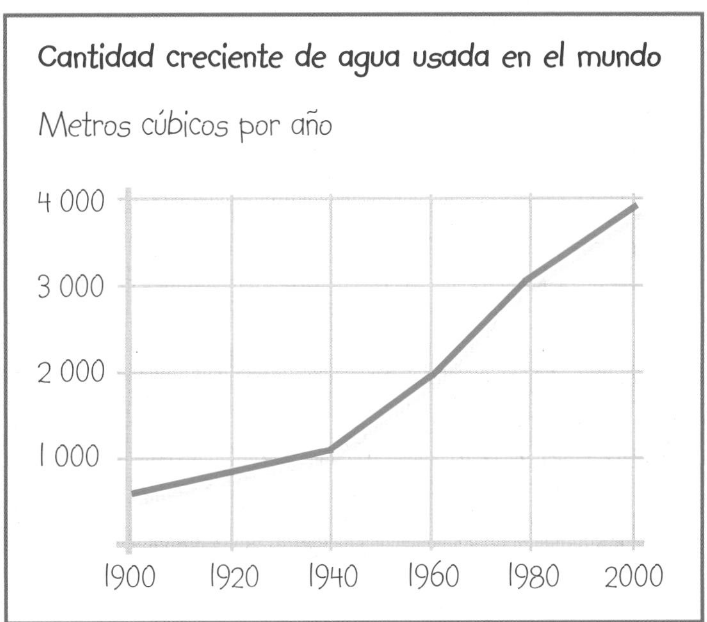

Animales que desaparecen

Sustraer, a veces, se sale del ámbito de la aritmética. Hay un tipo de resta o sustracción que le sucede a la vida vegetal y animal de nuestro planeta y que se llama extinción: toda una especie desaparece. El dodo, por ejemplo, un pájaro no volador, se extinguió hace más de 300 años.

La Lista Roja

La Unión Internacional para la Conservación de la Naturaleza (UICN) recoge información sobre todas las especies de plantas y animales que hay en nuestro planeta. Registran aquellas que disminuyen y la velocidad en que lo hacen; esta información se compila regularmente en la llamada Lista Roja, bajo encabezamientos como estos:

extinta

en peligro

vulnerable

amenazada

El problema del panda

El panda gigante de China septentrional vive exclusivamente del bambú. Ciertas clases de bambú florecen solo cada 100 años, y cuando las plantas mueren pueden pasar varios años antes de que las semillas germinen de nuevo. Esto ocurrió a finales de la década de los años setenta del pasado siglo y supuso que varios centenares de pandas murieron de hambre: como solo comen bambú, si este desaparece los pandas mueren.

El panda gigante obtiene todo el alimento
que necesita comiendo solamente bambú.

¡No queda nada!

Puedes pensar que nada es nada y que no hay nada más que hablar: después de todo, cualquier número es más que cero, pero el cero es un número por derecho propio: en realidad es muy importante en nuestro sistema matemático.

SIMPLEMENTE MATEMÁTICAS
Números negativos

Cuando se le resta cero a un número, el número permanece igual, es decir:

$$5 - 0 = 5$$
$$12 - 0 = 12$$

Pero si restas un número de cero, el resultado es un número negativo, es decir:

$$0 - 5 = -5$$
$$0 - 12 = -12$$

El cero fue usado por primera vez en los pueblos de la India, que lo llevaron a China, desde donde pasó al mundo árabe hace más de 1 000 años.

Se representaba con un pequeño círculo y se colocaba donde no había ningún número en la columna de las decenas o las centenas. Los árabes lo llamaron *sifr* ("vacío"), traducción del sánscrito *shunya*.

Cuando el uso de la numeración y la aritmética árabe se extendió por Europa, *sifr* se convirtió en el *zephyrum* latino, que finalmente se abrevió a cero.

Ceros anudados

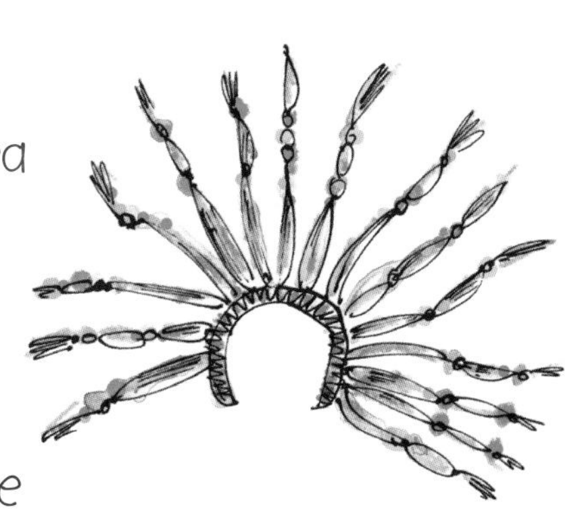

Los incas peruanos utilizaban un instrumento llamado quipu para registrar números. Como nosotros, contaban en base diez y utilizaban el cero. Un quipu era una cuerda de la que colgaban otras cuerdas anudadoras en las que los nudos representaban números. El que no hubiera nudo en la posición apropiada, entre las decenas y las centenas, por ejemplo, representa el cero.

Los números negativos se mueven hacia atrás desde el cero.

Los números positivos se mueven hacia adelante desde el cero.

Menos que cero

Un número negativo es un número menor que el cero. Los números negativos se utilizan para muchísimas cosas, en especial para medir temperaturas. Cuando hace mucho frío la temperatura puede caer diez, veinte o treinta grados por debajo de cero.

Una estación meteorológica de la Antártida registró la temperatura más baja jamás recogida, en torno a los 90 °C bajo cero.

Esconderse dentro

Las tradicionales muñecas-nido rusas se han hecho famosas en el mundo entero, pero llevan poco tiempo entre nosotros. Las primeras se fabricaron en la década de 1890 en los talleres de un empresario y mecenas ruso llamado Sava Mamontov.

Estas muñecas se fabrican en tamaños decrecientes y se abren por el centro: dentro de cada una hay otra más pequeña, ya que la diferencia gradual de tamaños entre ellas permite el anidamiento de todas.

Matrioska

En el ruso antiguo que hablan los campesinos, la palabra *matrioska* es un popular nombre femenino probablemente derivado de la palabra latina *mater*, que significa madre. En el grupo de muñecas típico la mayor de ellas es una figura femenina que representa a la madre; las otras, más pequeñas, son los demás miembros de la familia. Por este motivo las muñecas dieron en llamarse *matrioska*, la denominación campesina de "madre".

Muchos conjuntos tradicionales de *matrioskas* representan una familia: la madre es la muñeca más grande y la más pequeña un bebé.

Tamaño de las *matrioskas*

Estas muñecas se han fabricado en muy distintos tamaños, pero hay un aspecto de sus dimensiones que siempre permanece igual: la tradición demanda que su altura sea exactamente el doble de su anchura. Esto se denomina proporción o escala 2:1, que significa que una medida duplica a la otra.

¡Se acabó!

A todos nos encanta gastar dinero: nos proporciona lo que queremos, hace que nos sintamos bien y... ¡no es nada difícil! No escasean las cosas en las que gastarlo, pero solo puedes hacerlo hasta que consumas la cantidad que tienes. Si gastas cuidadosamente todo irá bien; si eres un derrochador, puedes tener problemas.

Los jóvenes del mundo gastan todos los años miles de millones de euros. El dinero irá jugando un papel cada vez más importante en tu vida según creces, y es crucial que sepas hacer presupuestos, es decir, que no gastes nunca más de lo que tienes.

¡Seis peniques menos!

El señor Micawber es un célebre personaje de una de las novelas de Charles Dickens, autor británico del siglo XIX, en cuyos libros se describe cómo quienes contraían deudas en aquella época lo pasaban realmente mal.

Según el señor Micawber la forma de no contraer deudas era ajustar tus ingresos y tus gastos ¡al penique!

Renta anual: veinte libras.

Gastos anuales: diecinueve libras, diecinueve chelines y seis peniques.

Resultado: la felicidad.

Renta anual: veinte libras.

Gastos anuales: veinte libras, cero chelines y seis peniques.

Resultado: la desgracia.

(A propósito, el señor Micawber no practicaba sus recomendaciones, por lo que terminó en la cárcel por deudas).

Bajar los precios

Dos veces al año, la mayoría de tiendas y grandes almacenes liquidan sus existencias. La ropa de verano deja paso a la de invierno o viceversa, y los nuevos modelos reemplazan a los viejos, que se ofrecen a precios más bajos para hacer sitio en los almacenes. ¡Es época de rebajas!

Pero a veces hay gangas en otras épocas del año. Cuando dos minoristas venden artículos semejantes pueden iniciar lo que se conoce como "guerra de precios". Compiten entre sí por ver quién ofrece el precio más barato; cada uno lo baja progresivamente atendiendo a lo que haga el rival.

Menos ignorancia

Hace solo unos cientos de años la gente vivía sobre todo en los pueblos y trabajaba la tierra; eran pocos los que se desplazaban más allá de algunos kilómetros desde la aldea natal. Sus conocimientos se limitaban a lo que les rodeaba y a lo que oían de los demás: ignoraban casi por completo el ancho mundo exterior. ¡Pero los inventos fueron responsables de que todo eso cambiara!

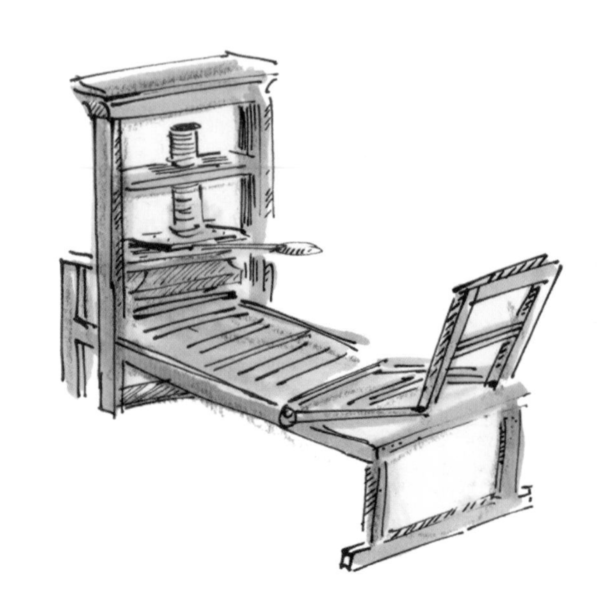

Imprenta - 1455

La imprenta de Gutenberg supuso que podrían producirse muchos más libros para que la gente leyera; la ignorancia disminuyó.

Telégrafo - 1871

Hasta la invención del telégrafo no había más remedio que consignar la información por escrito y transportarla físicamente de un lugar a otro, con la rapidez del caballo o del carruaje que la llevara. El telégrafo significó la transferencia casi instantánea de información enviando señales eléctricas por un cable metálico.

Teléfono - 1876

El teléfono, inventado por Alexander Graham Bell, supuso que las personas pudieran hablar entre sí aunque estuvieran separadas por grandes distancias. Ya se disponía de información de persona a persona.

Radio - 1901

Guglielmo Marconi encontró la forma de utilizar las ondas de radio para enviar mensajes. A finales de la década de 1920 había ya muchas emisoras de radio que llevaban información a grandes distancias. Las señales de radio actuales transmiten noticias por todo el mundo gracias a los satélites de telecomunicaciones.

Televisión - 1924

Con la televisión, la gente podía ver por primera vez cosas que ocurrían muy lejos de donde ellos estaban, a veces en el otro extremo del mundo.

World Wide Web -1989

El amanecer de la era de la información se produjo con el desarrollo del ordenador personal o computadora y el uso de Internet: ahora cualquiera que disponga de un ordenador o de un teléfono móvil tiene cantidades ingentes de información a unos cuantos clics. La red mundial pone montañas de información a nuestro alcance.

Acertijos de *Menos y menos*

1. ¿Cómo se llama el resultado de una operación de restar?

2. ¿Qué tres palabras diferentes significan lo mismo que sustracción?

3. ¿Cómo se llaman las muñecas-nido rusas?

4. ¿Qué es lo opuesto de sustracción?

5. ¿En qué país vive el panda gigante?

6. ¿Cuál era el nombre árabe para cero?

7. ¿Qué líder indio practicaba una vida de sencillez?

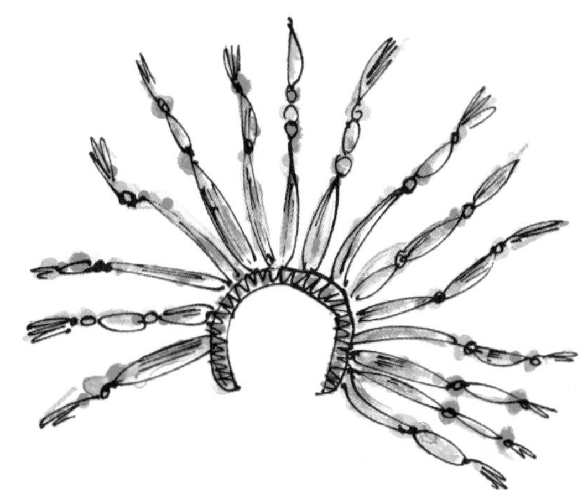

8. ¿Qué herramienta para contar usa los espacios entre cuerdas anudadas para representar el cero?

9. ¿Qué debes conseguir para empezar una partida de dardos?

10. ¿Con qué invento asociamos a Guglielmo Marconi?

RESPUESTAS: 1. Diferencia 2. Deducir, restar, quitar 3. *Matrioskas* 4. La suma 5. En China 6. *Sifr* 7. Mahatma Gandhi 8. El quipu 9. Un doble 10. La radio.

Índice